QUELQUES

CONSIDÉRATIONS

PRATIQUES

ET DE CIRCONSTANCE,

SUR

LA CONSTITUTION

ET

LA LIBERTÉ DE LA PRESSE.

PAR M. ***.

PARIS,

LE NORMANT, IMPRIMEUR-LIBRAIRE,

1814.

QUELQUES

CONSIDÉRATIONS

PRATIQUES

ET DE CIRCONSTANCE,

SUR

LA CONSTITUTION

ET

LA LIBERTÉ DE LA PRESSE.

***

LA liberté de la presse et la constitution, voilà les mots qui sont aujourd'hui dans toutes les bouches : voilà les deux objets que l'intérêt public réunit dans toutes les pensées, dans tous les discours. Il faut avouer qu'ils sont effectivement inséparables. La constitution garantit la liberté de la presse , et ce sera la liberté de la presse qui garantira la constitution. Rien n'est donc plus important que de se faire des idées justes de ces deux choses , non pas en théorie , mais en pratique ; car il ne s'agit pas de discourir , soit sur ce qu'elles devroient ou pourroient être dans la région des spéculations , dans des applications arbitraires , soit sur ce qu'elles sont ou ont été en d'autres temps et d'autres lieux ; il s'agit de ce qu'elles doivent et peuvent devenir ici dans ce moment , et au milieu des circonstances avec lesquelles elles doivent se coordonner.

On a déjà fait assez de fois l'épreuve de la liberté de la presse et d'une constitution pour savoir qu'il en est de ces deux choses comme de ces recettes qui ne vous disent jamais le secret de la dose , et avec lesquelles, croyant tout savoir, l'on ne sait rien, sinon qu'en définitif on peut s'empoisonner, si une main habile ne préside à la préparation.

Je désirerois fort que les Français eussent au moins recueilli ce fruit , bien tardif il est vrai, de toutes leurs constitutions. Tout ne seroit pas perdu, si enfin on pouvoit être convaincu qu'il faut avoir le *secret de la dose*, et que ce secret ne peut se découvrir que par le secours des opinions modérées, en quoi consiste toute la sagesse humaine dans les affaires politiques.

Y a-t-il des peuples plus portés les uns que les autres aux idées moyennes? y en a-t-il qui soient nécessairement entraînés dans les idées extrêmes, qui ne sachant jamais trouver le point d'arrêt dans aucun milieu, soient inévitablement condamnés à se briser sur les excès contraires? Je n'oserois entrer dans cette question, et cependant je ne puis me défendre de faire observer que le penchant qu'on a en France aux idées absolues, en fait de liberté et de constitution, tient beaucoup plus qu'on ne pense à une légèreté d'esprit et à une vanité ennemie de l'examen, et qui porte toujours à entreprendre avant d'avoir envisagé le but et mesuré les moyens de l'entreprise.

J'associe la vanité à la légèreté de l'esprit, et je pense que c'est surtout dans ce pays qu'elles ont formé leur alliance.

On ne sauroit dire pour combien la va=
nité (qui est fort loin d'être de l'orgueil)
est entrée dans les malheurs et les crimes de
la révolution. Lorsqu'un déplorable esprit
de destruction eut préparé la chute du gouvernement monarchique, c'est la vanité qui
nous a jetés dans la manie des constitutions
étrangères : c'est la vanité qui nous a poussés
par degrés jusqu'aux derniers excès de la
démocratie ; c'est la vanité qui mettant tous
les jours à l'enchère sur les principes de la
veille, nous a fait courir après une liberté
illimitée. Il eût été honteux à nous de n'avoir
qu'une liberté anglaise, américaine, suisse,
grecque ou romaine : nous n'étions pas faits
pour rester en chemin. Le dirai-je ? oui, car
j'en suis certain, il y a eu des hommes qui
ont poussé le ridicule de la vanité au point
de porter envie aux grands crimes des peuples
passés, au point d'ambitionner pour la France
la gloire de les surpasser en ce genre.

Mais la légèreté d'esprit a été le plus grand
obstacle à l'établissement de toute constitution et de toute liberté de la presse : c'est par
légèreté, et aussi par paresse de l'esprit,
qu'on tient si fort ici aux idées absolues, aux

opinions entières. Effectivement elles n'ont rien d'embarrassant, rien que de simple. On en est quitte avec un mot : *la liberté illimitée*. Si l'on excepte un petit nombre d'esprits spéculatifs habitués à vivre dans leurs abstractions, l'on est aujourd'hui convaincu par expérience et par sentiment, que toute liberté illimitée est impossible. Cependant on la demande : est-ce pour en éprouver les châtimens ? Non, c'est pour sortir plus tôt de la discussion. On sent qu'il y a là bien des difficultés. On aime mieux trancher que de dénouer: comment, en effet, dénoue-t-on de tels nœuds ? c'est par des épreuves graduelles, c'est par une répétition d'essais, c'est par le temps, par l'expérience des faits ; c'est en développant des habitudes qui s'incorporent avec les institutions, c'est en travaillant à faire naître dans la nation qui veut en copier une autre, l'esprit et les mœurs de l'original auquel elle prétend s'assimiler. Mots perdus, remontrances inutiles : la vanité est là pour vous répondre que nous valons bien cette nation, que ce qu'elle fait, nous pouvons le faire, que ce qu'elle a, nous pouvons l'avoir.

Même réponse pour ce qui regarde la

constitution. Quand Voltaire a parlé de la constitution anglaise, il a dit :

Trois pouvoirs étonnés du nœud qui les rassemble.

Ici et aujourd'hui il n'y a point d'étonnement sur tout cela. *Faire que l'autorité suprême ait toute la force nécessaire pour gouverner, et n'en ait pas assez pour devenir despotique, et par suite tyrannique*, c'est un problème que la sagesse des siècles n'a pu résoudre qu'incomplétement, objet des méditations de tous les philosophes, et contre lequel ont échoué toutes les théories, parce que les données inconnues du problème sont sans doute plus nombreuses que celles qui se laissent saisir. Mais ici on coupe court à tout avec le mot *constitution* : il ne s'agit que d'imprimer *que cela soit*, *que trois pouvoirs soient opposés et réunis entr'eux.*

Une constitution de ce genre ne nous paroît pas plus difficile à faire qu'un contrat par-devant notaire. On ne se doute pas que nous sommes tout à la fois objet, partie, rédacteur et juge du contrat; ce qui fait que jamais l'écrit ne peut être obligatoire. On ne se douté pas que le fait seul d'écrire une constitution en rend l'exécution très-problématique, lorsqu'on prétend, dans une rédaction positive, non pas de définir le présent, mais commander à l'avenir.

Dieu seul pourroit faire une constitution semblable, parce que, seul, il a le pouvoir de coordonner l'avenir au présent, et de façonner le présent pour l'avenir. Quant à l'homme, que peut-il ? rien autre chose, sinon d'arranger, de régler ce qui existe, de disposer ce qui est tout fait, de tâcher de donner de la continuité à ce qui va. Si toutes les prétendues constitutions dont la France a fait jusqu'à présent la ridicule épreuve, sont mortes avant d'être nées, c'est qu'au lieu d'être des dispositions, elles étoient des créations ; c'est qu'au lieu de procéder lentement par la répétition d'un petit nombre d'actes, on a voulu tout défaire et refaire à la fois ; c'est qu'au lieu de demander des lois aux habitudes, on a voulu forcer les habitudes par des lois ; c'est qu'au lieu d'employer le présent à préparer l'avenir, on a prétendu soumettre l'avenir, avec tout son inconnu, à la convenance des passions et des intérêts du jour.

Est-on guéri de cette maladie *constituante ?* J'en douterai tant que je verrai que le prestige des mots conservera son empire. Celui de *constitution* a, je l'avoue, un peu perdu de son autorité; mais ici, il ne s'agit que d'avoir un mot nouveau, pour rajeunir les choses usées : c'est le mot *charte* qui a maintenant pris la place. Il faut avoir une *charte* comme l'Angleterre en a une. On se figure que les Anglais ont une *charte* reliée ou brochée dans toutes leurs bibliothèques. Cependant, ce qu'ils appellent ainsi, au lieu d'être ce qu'on entend ici par *constitution en titres, chapitres* et *paragraphes*, n'a été qu'un acte royal dont les effets lents et graduels ont contribué à opérer la combinaison des pouvoirs, le jeu des ressorts du gouvernement, et de la constitution toute en pratique de ce pays.

Il n'y a point de constitution écrite en Angleterre. Si l'on avoit le malheur d'y mettre par écrit ce qui y existe en fait, il est bien probable que l'esprit de chicane et de dispute qui naîtrait de la seule interprétation des mots, y détruirait bientôt toute constitution.

Et pourtant autre chose est de déduire en

paroles ce qui est en action ; autre chose est de vouloir mettre en action ce qui n'est encore qu'en paroles. Les faits, leurs exemples, et les autorités de la pratique redresseroient facilement, dans le premier cas, les fausses interprétations, car il y auroit dans la pratique journalière une règle vivante à opposer aux aberrations ; mais, dans le second cas, ne voit-on pas quelle est la foiblesse de cette loi écrite, qui n'a pas encore reçu la vie ; contre les attaques de tout genre que peut lui porter l'esprit de controverse ? Une constitution écrite qui n'a pas encore été mise en pratique est une sorte de cercle vicieux. Il faudroit, pour exister, qu'elle eût existé déjà ; il faudroit qu'elle fût ancienne, avant d'être nouvelle ; il faudroit qu'avant de commander, elle eût déjà été obéie. Qui la garantira des commentaires, car il n'y a aucun mot qui ne puisse être plus ou moins détourné de son sens naturel ? Qui la préservera de l'observance servile, ou de l'interprétation captieuse ?

Je conviens que, puisqu'on a voulu avoir une constitution à l'anglaise, il falloit bien en faire une copie par écrit pour en fixer au moins les élémens, pour avoir un modèle à suivre, pour essayer encore une fois d'une combinaison politique dans laquelle les choses pourroient prendre la place des mots qui les expriment.

C'est donc à ceux qu'intéresse personnellement le succès de cette nouvelle expérience à concourir aux moyens de réaliser en pratique ce qui est resté jusqu'à ce jour en théorie.

Et d'abord il me semble que, pour aller droit et franchement au but, on doit mettre de côté, dans les considérations que suggère le sujet, ou dans les conseils qu'on se permet, tout ce qui est d'un intérêt secondaire, ou d'une moindre importance pour le jeu de la nouvelle machine.

Le véritable point de la question doit se résoudre, et très-promptement, par le fait. Toute épreuve trop prolongée compromettroit pour toujours l'expérience : il s'agit de montrer pratiquement, par une succession d'actes, que, dans un pays aussi vaste qu'est la France, et où, pour vaincre toutes les résistances, l'autorité royale a besoin d'une très-grande force, cette autorité peut, non-

seulement agir avec le concours d'une puis-
sance nationale , mais trouver dans sa coopé-
ration aux actes qu'on appelle *lois* un renfort
d'opinion, un auxiliaire qui rende son action
plus facile et plus douce.

A la Chambre des Députés appartient
l'honneur de fixer, à cet égard, les incertitudes de la nation ; elle seule peut , dans le
fait, réaliser la constitution sur le point qui
les embrasse tous : car, il n'en faut pas douter,
tout est là. Si les Députés envisagent, comme
ils le doivent, le véritable objet d'une mission
pour laquelle ils n'avoient cependant pas été
choisis, ils comprendront qu'elle consiste
uniquement pour eux à devenir une base
nouvelle de l'autorité royale, et non pas sa
pierre d'achoppement.

Destinée à coopérer à la confection des
lois, la Chambre des Députés doit se consi-
dérer, en ce genre, et surtout dans ces com-
mencemens, comme un pouvoir auxiliaire,
et non comme un pouvoir rival de l'autorité
royale; elle doit beaucoup moins s'occuper
de la perfection idéale et spéculative de
chacune des lois qui lui sont proposées, que
de la perfection pratique du mécanisme poli-

tique dont elle fait partie. Lorsqu'il s'agit d'établir le jeu d'une machine inéprouvée, le mécanicien prend moins garde aux premiers résultats manufacturés qu'à l'action générale et au principe qui la produit.

On peut vivre et subsister avec des lois de détail imparfaites; on ne peut ni subsister ni vivre avec une guerre intestine dans le Gouvernement. Cette guerre seroit l'effet immédiat des vues incomplètes ou exagérées de la Chambre des Députés.

Voilà vingt-cinq ans qu'on fait en France l'essai d'un gouvernement mixte, où les pouvoirs devoient se balancer; mais la balance n'a été qu'une bascule politique. Formés des élémens les plus contraires, les deux pouvoirs n'ont jamais su que s'entre-détruire. Cela devoit être, ils étoient nés de la guerre, et constitués pour la guerre.

Si la nouvelle constitution devoit porter en soi les germes des mêmes rivalités, les mêmes effets ne tarderoient pas à se reproduire. Tout dépend de l'esprit qui animera la Chambre des Députés; tout dépend des modèles qu'elle se proposera de suivre : si elle les prenoit dans les Assemblées qui ont fait ou continué la révolution; si elle se croyoit constituée pour s'opposer à l'autorité royale; si elle appeloit *lâcheté* le bon accord avec le Roi, *patriotisme* la résistance aux propositions émanées du trône; si elle ne voyoit, dans la contradiction, que le maintien de sa prérogative; si des vues de détail, de petits intérêts, des passions personnelles, venoient à empêcher que l'harmonie désirée pût s'établir entr'elle et l'autorité royale, il faudroit désespérer pour toujours de l'établissement de la constitution dont on a puisé les élémens en Angleterre.

Mais quoi! ne saura-t-on jamais imiter de la constitution anglaise que cette partie systématique, qui n'a jamais été cependant le fruit d'aucun système? Comment se fait-il qu'on prétende emprunter l'instrument sans étudier la manière d'en user? Chose vraiment singulière que le commun des hommes ne voie, dans la Chambre des Communes, que l'esprit d'opposition qui en est l'exception, sans y voir l'esprit d'accord et d'harmonie avec l'autorité royale qui en est le principe. Quelles que soient les combinaisons qui opèrent en Angleterre ce concours, il est constant que le Roi, qui ne sauroit gouverner sans avoir dans la Chambre des Communes une majorité fixe et systématique, y a toujours cette majorité. Voilà la condition de ce Gouvernement. Le contrôle qu'exerce la minorité appelée opposition a cela de bon qu'il tend à modérer sans pouvoir arrêter l'autorité.

Ainsi, toutes les lois proposées par le Gouvernement sont constamment adoptées.

Mais toutes ces lois sont-elles parfaites ? sont-elles sans objection, sans inconvéniens ? Non, sans doute : qui oseroit le dire ? Le parti de l'opposition y en relève toujours de très-graves, il en fait sentir les défauts. Nonobstant cela, la proposition passe ; d'abord parce que la majorité étant identique avec le Gouvernement, ce sont ses propres vues, son propre système qu'elle sanctionne en votant pour la loi ; et ensuite parce que l'Angleterre étant, de tous les pays, celui qui est le moins gouverné par les idées absolues de perfection abstraite, est, au contraire, le pays des opinions moyennes. On ne passe guère en rien, dans ce pays, la ligne mitoyenne de ce qu'on appelle le bon sens.

C'est pour cela que les institutions peuvent
y prospérer et s'y fixer, à l'abri qu'elles sont
de l'esprit mobile et inquiet, de la manie des
idées extrêmes, et de la recherche d'un mieux
chimérique.

Tout est en pratique dans ce pays : on ne
détruit pas ce qui est, avant de l'avoir rem-
placé ; on ne demande pas aux lois une perfection indéfinie ; on sait que les lois de gouvernement sont soumises à tant de rapports
divers, que la plus grande folie seroit d'en
exiger le bon absolu. On se contente du
moindre mal dans les choses humaines ; on
transige sur tout pour un bon relatif ; et,
dans le fait, il n'y a d'absolu que pour les
lois divines et morales.

C'est là l'esprit conservateur qu'il faudroit
enfin transplanter en France, pour y faire
germer la constitution nouvelle et les institutions qui seront propres à la garantir.

Cependant, dès la première loi que le Roi
propose pour tempérer la liberté de la presse,
et régler l'exercice d'une des facultés les plus
perturbatrices que les sociétés modernes aient
développées, voilà que, de toutes parts,
accourent les opinions absolues, les systèmes

tranchans, les idées extrêmes. On n'aura plus de liberté d'écrire si l'on n'a pas toute liberté de tout écrire. Ainsi, sans avoir égard aux temps, aux lieux, au caractère national, aux circonstances extraordinaires où l'on se trouve, l'arme la plus dangereuse devra être mise sans précaution, sans apprentissage, aux mains de tous ; il faudra courir les plus grands dangers, s'exposer à ébranler le Gouvernement naissant, à perdre même, comme on l'a déjà fait plus d'une fois, cette liberté qu'on ambitionne, et tout cela, par respect pour un principe absolu.

Le principe de la liberté de la presse est, dit-on, consigné dans la constitution. Sans doute ; mais la constitution accorde-t-elle la liberté illimitée ? N'y a-t-il donc de liberté que celle qui est sans limites ? peut-il même y avoir une liberté sans restrictions de toutes sortes de droits, naturels et civils ? Quoi ! la faculté d'agir est circonscrite de tous côtés dans les pays les plus libres ; la faculté de parler y souffre une multitude de contraintes, et la faculté d'écrire auroit le privilége exclusif de l'indépendance absolue ? Des précautions sont prises partout, non-seulement pour ré-

primer les torts d'action et de parole, mais
pour en réprimer la cause ; et l'on ne pourroit en user de même à l'égard de la faculté
d'écrire, et la liberté seroit détruite en ce
genre, parce que quelques délits seroient
réprimés dans leur source?

Il n'y a pas de loi en Angleterre qui ré-
prime les excès de la liberté d'écrire dans
leur source : la loi pénale est seule chargée
d'en corriger les abus. Je le sais; mais cela
prouve-t-il que cette liberté n'est pas limitée?
si elle l'est suffisamment par les habitudes,
par la crainte d'en abuser et de la compro-
mettre, par des mœurs plus relevées; si
la trempe du caractère national rend les
abus de la pensée plus rares, ses offenses
moins sensibles, ses réparations plus faciles;
si les esprits y sont moins inflammables; si
une sorte de raison publique y tient plus en
garde contre la séduction des passions, et
le charlatanisme des systèmes; si le bon sens,
dans le jugement des délits, et la bonne foi
des juges y sont un rempart assuré contre
les attaques de la calomnie, il faut conclure
de là deux choses : l'une, qu'une loi répres-
sive des délits dans leur source y est inu-

tile ; l'autre, que la même loi sera nécessaire
là où existeront des causes, des élémens et
des circonstances d'un ordre opposé, et
d'une nature toute diverse.

Or, qui pourroit être assez étranger, et
à l'Angleterre et à la France, pour ignorer
l'incroyable diversité de mœurs, d'opinions,
de préjugés, d'habitudes et de manières de
voir qui existe entre les deux nations ? Comment ne peut-on se flatter d'acclimater su-
bitement ici une institution qui, étroitement
liée aux mœurs, et dépendant de l'opinion
plus que des lois, périroit par la loi même
qui tenteroit de l'établir ?

Une vérité vulgaire est que la liberté périt
plus certainement par l'excès de la licence
que par celui de la tyrannie ; mais la raison
de cela est moins connue : c'est que la licence étant le produit direct de la chose elle-
même, tandis que la tyrannie semble y surve-
nir comme un accident, les hommes sont
portés à envelopper dans une réprobation
commune, et la chose et le mal qui leur en
paroît inséparable.

Or, on avouera qu'il n'y a aucun genre
de liberté plus attaquable par la licence que

la liberté de la presse, aucun dans lequel l'excès soit plus facile, et l'abus plus voisin de l'usage.

Je ne veux pas parler ici de la liberté de la presse, dans son rapport direct avec la constitution; je laisse à d'autres le soin de traiter cette grande question, me contentant de faire observer que, jusqu'ici, et dans tous les essais de constitution qui ont eu lieu, la liberté de la presse, après avoir détruit l'autorité qu'elle devoit, disoit-on, protéger, est devenue l'arme du parti vainqueur, et a été brisée par lui.

Je ne prends ici d'autre intérêt que celui de cette liberté en elle-même; et c'est pour elle, pour sa conservation, que je pense qu'elle doit être limitée. Habituons - nous donc à croire qu'il n'y a pas plus de régime universel en politique qu'en médecine; rendons-nous compte de l'état moral de la France, et pensons une bonne fois que c'est sur nous, et non sur des chiffres, que nous opérons.

Un miracle s'est opéré, qui nous a sauvés de la tyrannie, de l'usurpation, de l'invasion ennemie, de la guerre civile.

Mais les effets de ce miracle sont-ils consommés? l'esprit de faction a-t-il cessé de souffler sur nous? les matériaux d'une guerre intestine furent-ils jamais plus nombreux? La France est véritablement aujourd'hui un composé de plusieurs Frances. L'autorité royale, le caractère du Roi, ses principes modérés peuvent seuls rendre à la nation son unité morale. Le retour au principe de la monarchie légitime nous a donné la paix du dehors. Qui nous donnera la paix du dedans, seul objet de tous les vœux? sera-ce la liberté illimitée de la presse? L'invoquer aujourd'hui, n'est-ce pas appeler de nouvelles tempêtes? Combien n'y a-t-il pas de systèmes anti-civils, anti-religieux, qui n'attendent que le signal? Combien d'intérêts détrônés, épient le moment de la vengeance? Combien d'orgueils blessés, d'espérances déçues, de prétentions trompées aspirent à rentrer dans la carrière pour se ruer en tous sens contre le principe de la monarchie légitime?

Voilà, n'en doutons pas, les véritables fauteurs de la liberté illimitée de la presse en ce moment.

Cette liberté existeroit, que les circonstances feroient un devoir de la suspendre ou
de la limiter. Les Anglais, que nous pré-
tendons prendre pour modèles, suspendent,
dans bien des circonstances, l'exercice des
droits les plus sacrés, du droit de la liberté
individuelle, par exemple : cette liberté se
trouve-t-elle détruite? au contraire. C'est un
sacrifice d'un moment, qui en garantit la
jouissance pour l'avenir. Il est ainsi beaucoup de choses dont on ne peut conserver le
principal qu'aux dépens de quelque partie.
L'existence de l'ordre social repose toute
entière sur cette maxime. Pourquoi le principe de la liberté de la presse seroit-il seul,
excepté de cette commune loi? pourquoi
ne sauroit-il être soumis aux réserves que
commandent les circonstances, surtout après
les épreuves désastreuses du passé?

Parmi les partisans de la liberté illimitée
de la presse, il en est, je le sais, dont les
intentions ne sont point suspectes : les uns
ne voient point les dangers de cette liberté ;
les autres imaginent qu'il suffira d'en arrêter
les excès par des lois pénales.

Les premiers composent une certaine

classe d'hommes habitués à vivre dans la région des spéculations, que rien ne peut déterminer à descendre sur terre, pour y voir les hommes comme ils sont, et les choses comme elles vont. Au milieu des nuages de leurs conceptions idéales, ils ne rêvent que des théories inapplicables. Il ne manque jamais rien à leurs systèmes, qu'un peuple ou un siècle qui puissent s'en accommoder. Ils ne font rien à la taille de qui que ce soit, mais ils préfèrent de vous refaire le corps pour votre habit. Ecoutez-les ; il n'y a rien de meilleur que la liberté illimitée de la presse. C'est un spécifique universel. Ils n'entendent à aucun tempérament, ni dans l'emploi ni dans la dose. Ils avouent bien que plus d'un sujet en est mort ; ils ne vous répondent pas que vous n'en mourrez point. Mais ce sera votre faute ; le tort est toujours sur le compte du sujet. C'est qu'on ne laisse point au spécifique le temps de faire son effet. C'est qu'après le mal qu'il faudroit savoir endurer viendroit le bien qu'on ne s'est jamais donné le temps d'attendre. Il n'y a rien à répondre à de tels opérateurs, sinon qu'ils commencent donc par nous donner la

patience nécessaire au succès de leur expérience.

Il y a, au contraire, beaucoup de réponses
à faire aux partisans de la liberté illimitée de
la presse (à condition de lois pénales). On
n'est embarrassé que du choix des objections.

La plus importante consiste dans la diffi-
culté de la confection d'un Code pénal sur
cet objet. Tout le monde l'a tenté, tout le
monde y a renoncé. Ou l'on s'en tiendra à
un petit nombre de prohibitions vagues, et
dont la généralité semblera tout embrasser,
et tout échappera dans l'application du principe général au fait particulier ; ou l'on aura
la prétention de tout prévoir en détail, de
tout qualifier, de tout mesurer, de tout pro-
portionner. Jamais la loi ne sera faite, et un
siècle de controverses n'épuiseroit pas le
nombre des difficultés à résoudre. Comment
prétendre assujétir toutes les ruses de l'esprit,
toutes les malices des passions, tous les sub-
terfuges de la pensée humaine, à des lois
pénales ? La tyrannie la plus inquiète et la
plus vigilante a-t-elle jamais pu se soustraire
aux ironies sanglantes, aux injures cuisantes
des allusions puisées dans des ouvrages qui

en étoient sans doute fort innocens ? Est-ce qu'il est difficile de calomnier les gens en en disant du bien ? est-ce que le secret de l'anti-phrase n'est pas connu de tout le monde ? Quelle différence mettra-t-on entre la plaisanterie qui fait rire et celle qui tue ? Comment distingueroit-on, même dans la critique littéraire, la censure de l'ouvrage d'avec celle de l'auteur, puisqu'en attaquant l'ouvrage on attaque l'esprit de l'auteur, et qu'un auteur surtout ne se sépare point de son esprit. Qu'on nous dise ce qu'il faudra de temps pour arriver à la prévision de tous les cas, à la distinction de toutes les nuances, à la détermination de délits que tant de milliers de circonstances modifieroient.

Mais on s'en rapporteroit, dit-on, à la conscience du jury ; cercle vicieux. Ce que la loi auroit désespéré de déterminer, le jury sera bien moins capable encore de le faire. Environné de toutes les incertitudes naturelles au sujet, le jury par conscience et par devoir absoudra toujours. Dans le doute, il s'abstiendra. Il n'y a rien de plus *douteux* qu'un jury ; je parle d'un jury sans passion et sans intérêt. Mais seroit - il bien facile d'en trouver de semblables pour juger les délits de la presse? N'est-il pas très-probable qu'il seroit le plus souvent composé de parties, de complices ou d'intéressés?

Dans les cas relatifs à la religion, au Gouvernement, aux mœurs, l'athéisme se cachera sous le manteau de l'érudition, l'anarchie sous le voile de la philosophie, le libertinage sous le masque de la plaisanterie.

Dans les cas relatifs à l'intérêt ou à l'honneur des particuliers, comment distinguera-t-on la calomnie qui suppose aux hommes en place des intentions perfides, du patriotisme qui, pour éclairer le public, se livre à des suppositions innocentes? Quelle théorie judiciaire fera discerner la ligne qui sépare la censure politique du fonctionnaire, de la censure privée de l'homme?

Mais aujourd'hui surtout, et dans l'état actuel de la France, quel besoin les passions auroient-elles de la calomnie pour attaquer un grand nombre de personnes, de réputations, d'intérêts? Ces passions se rieront du Code pénal, elles se contenteront fort bien de la médisance qu'il ne peut atteindre. Il y a là un assez beau champ de bataille.

Qu'y a-t-il de mieux aujourd'hui pour détruire un grand nombre d'existences sociales, pour perdre dans l'opinion beaucoup d'hommes considérables par leur position, que de répéter ce qu'ils ont dit, de réimprimer ce qu'ils ont écrit, de reproduire ce qu'ils ont fait? Qu'on me dise si la calomnie peut fournir à la malignité humaine une source plus empoisonnée? Qui pourroit forger contre certaines personnes des faits plus odieux que les faits réels dont elles se sont elles-mêmes vantées? Combien y a-t-il d'hommes qu'on ne puisse pas déshonorer, en publiant, sans commentaire, leurs discours, année par année, en opposant leur conduite à leur conduite, leurs jugemens à leurs jugemens? Combien y en a-t-il qui soutiendroient l'aspect de ce miroir?

Est-ce là ce qu'on veut qui arrive? Lorsque la conduite sage, conciliatrice et généreuse du Roi, tend à éteindre les feux de toutes les discordes, à jeter l'oubli sur toutes les erreurs, à réconcilier tous les partis, tous les intérêts, peut-on provoquer une mesure, dont l'effet immanquable seroit de rallumer toutes les haines, d'exhumer toutes les fautes, de déchaîner toutes les passions?

Je le répète donc, si la liberté illimitée de la presse existoit, il faudroit aujourd'hui la suspendre ou la restreindre. Cette restriction est dans l'intérêt même d'une liberté qui se briseroit bientôt sur tous les écueils d'une licence inévitable. Le Roi me paroît en être le véritable ami, par cela seul, qu'au lieu de l'abandonner dans ces premiers momens à tous les accidens qui la menacent, il veut lui ménager un abri sous quelques restrictions salutaires. Il n'auroit pour la laisser se détruire qu'à la laisser aller.

Loin que la constitution soit en opposition avec la loi proposée, je crois que la loi proposée, non-seulement est la conséquence, mais deviendra la sauve-garde de la constitution.

Car enfin il est temps d'abjurer de vaines spéculations; il faut se désabuser de ces analyses qui séparent les choses des personnes. Une constitution qui n'est qu'un système, n'est rien; une constitution doit être, non pas une liaison entre des idées, mais un nœud qui réunisse les choses et les personnes. Ses élémens réels sont des hommes destinés à concourir dans une mesure et dans des rapports quelconques, à l'action uniforme d'un Gouvernement. Admettez-vous un état de guerre entre les hommes, il y aura tout de suite incompatibilité entre les choses.

On invoque d'une part, et dès aujourd'hui, la liberté illimitée de la presse, comme le soutien de la constitution.

Moi j'invoque aujourd'hui la limitation de cette liberté, et pour sa propre conservation, et pour celle de la constitution.

Voilà le véritable point, le point politique de la question soumise au jugement de la Chambre des Députés.

Ce n'est pas une loi en abstraction qui leur est proposée, c'est une mesure politique et de circonstance. Les Députés ne doivent point procéder à son examen comme s'ils étoient un conseil de jurisconsultes, mais comme étant un conseil d'hommes d'Etat. Comme tels, ils doivent moins s'arrêter à quelques inconvéniens de détail dans la loi qu'à l'objet principal de son ensemble. En vain diroit-on que la loi a des défauts, ce n'est pas à faire des lois sans faute qu'ils sont appelés. Toute loi en a, toute loi en aura. Si l'on remédioit au défaut qu'on voit, il s'en développeroit un autre qu'on ne prévoit pas. Une assemblée d'hommes d'Etat n'est pas un corps de critiques occupés à relever ou à censurer des fautes. Nul ouvrage, en comprenant ceux mêmes de la Nature, n'est à l'abri de la critique des détails. Les lois qui régissent le Monde auroient aussi leurs défauts, si l'on appeloit à les juger en détail chaque intérêt partiel.

Quand on a à décider sur de grandes mesures d'intérêt général, il faut laisser les petites règles, et s'élever au-dessus des petits points de vue qui cachent l'aspect général. Or, il y a dans la loi proposée un but prédominant, un point de vue capital qui doit l'emporter sur les considérations minutieuses qui, sans doute, abondent en ce sujet.

A l'intérêt qu'a la France de voir adopter une mesure d'où dépend la tranquillité du présent, la sécurité du Gouvernement, et la durée de la constitution, s'en joint un autre encore plus pressant, c'est que la première loi proposée par le Roi, ne devienne pas le premier signal de discorde entre les pouvoirs. Il ne faut pas douter qu'en tout état de choses, mais surtout dans la position présente, il seroit impossible au Roi de gouverner avec une Chambre de Députés, qui, au lieu de favoriser, contrarieroit l'action du Gouvernement.

Ne nous dissimulons pas que le sentiment commun, ou, si l'on veut, l'instinct du grand nombre, est contraire à l'existence d'un Gouvernement mixte en France. Ce sentiment n'est point à mépriser : il a triomphé jusqu'à présent du raisonnement des philosophes : il a pour lui l'expérience du passé.

Que dit cette expérience ? que la France a prospéré dans tous les genres, a brillé par les sciences, par les lois, par les arts, par la guerre, et pendant une longue suite de siècles sous la seule influence de l'autorité royale, que seule, en Europe, elle a maintenu son unité politique. Qu'ajoute l'expérience ? que sitôt que l'élément du nouveau pouvoir qu'on veut recréer s'est mêlé à celui de l'autorité royale, la France a été précipitée dans les abîmes d'une anarchie et d'une tyrannie sans exemple.

Consultons les pressentimens de l'avenir : ils nous prédisent que des causes pareilles produiroient de semblables effets ; que, si l'au-

torité royale ne trouvoit ici , dans la constitution nouvelle , aucun des appuis que lui
donnent, dans la constitution de l'Angleterre ,
le grand principe de la propriété, le mécanisme de l'organisation législative, l'ancien-
neté de l'usage et d'une longue pratique ;
que si les idées modérées ne parvenoient pas
à prendre le dessus sur les systèmes absolus ;
que si la Chambre des Députés marchoit
dans les voies des assemblées qui ont fait la
révolution, une nouvelle catastrophe seroit
inévitable.

L'expérience du passé, la crainte de l'avenir, se réunissent pour tracer à la Chambre
la marche simple que le bon sens indique
aujourd'hui, et que le bon esprit qui l'anime
ne peut manquer de lui faire prendre.

Ce qu'on attend d'elle ce n'est ni de grands
travaux, ni de pénibles spéculations, ni des
lois sans défaut.

C'est, avant tout, qu'elle prouve par le
fait, et pratiquement, qu'un concert d'action
est possible et facile entre elle et l'autorité
royale ; que le Roi non-seulement gouvér-
nera, mais qu'il gouvernera mieux et plus
aisément, au moyen d'un ressort qui, éta-

blissant une communication entre les sujets et le trône, préparera les voies de l'obéissance, applanira les obstacles, et rendra douce la soumission aux actes de l'autorité.

Ce qu'on attend de la Chambre des Députés, ce n'est pas d'établir une lutte irrégulière entre elle et l'autorité royale; c'est, au contraire de faire naître, dans leurs rapports, cette harmonie systématique qui seule peut résulter, comme en Angleterre, d'une majorité fixe de suffrages en faveur de l'autorité, et d'une minorité non moins nécessaire, pour que le pouvoir suprême doive se précautionner contre une censure salutaire, ait des objections à combattre, et jamais de résistance à subjuguer.

En vain toutes les constitutions écrites diront : *Il y aura une Chambre des Députés; il y aura une Chambre des Pairs;* si la nature des choses ne le dit, si l'expérience ne prouve cette co-existence possible, les systèmes et les théories n'ont plus la force de persuader personne. On veut du réel, on veut de la pratique; on ne prétend plus vivre d'espérances : c'est à la Chambre des Députés à opérer le succès, jusqu'à présent problématique en France, de ce concert d'action que nous avons envié à l'Angleterre.

Lorsque la Chambre des Députés en aura donné la démonstration pratique pendant un certain nombre d'années, lorsque, fidèle à suivre la même ligne de conduite, elle aura habitué le Roi et la nation à juger possible ce concert d'action, il arrivera de là, très-probablement, que, de *possible*, ce concours deviendra *nécessaire*.

Il résultera de là que des usages se formeront, et bientôt des règles; que l'opinion publique s'habituera à voir, comme tenant à la nature des choses en France, des pratiques et des institutions qu'on est porté à regarder aujourd'hui comme lui étant contraires.

Alors il sera vrai de dire que nous commencerons à avoir une constitution.